U0099768

新雅・寶寶生活館
寶寶快樂成長系列

我會乖乖睡

作者：佩尼・塔索尼 (Penny Tassoni)
繪圖：梅爾・霍亞 (Mel Four)
翻譯：Zeny Lam
責任編輯：林沛暘
美術設計：鄭雅玲
出版：新雅文化事業有限公司
香港英皇道499號北角工業大廈18樓
電話：(852) 2138 7998
傳真：(852) 2597 4003
網址：http://www.sunya.com.hk
電郵：marketing@sunya.com.hk
發行：香港聯合書刊物流有限公司
香港荃灣德士古道220-248號荃灣工業中心16樓
電話：(852) 2150 2100
傳真：(852) 2407 3062
電郵：info@suplogistics.com.hk
版次：二〇二一年六月初版

版權所有・不准翻印

ISBN: 978-962-08-7680-6
Original title: *Time to Go to Bed*
Text copyright © Penny Tassoni 2021
Illustrations copyright © Mel Four 2021
This translation of Time to Go to Bed is published by Sun Ya Publications (HK) Ltd. by arrangement
with Bloomsbury Publishing Plc through Andrew Nurnberg Associates International Limited.
Traditional Chinese Edition © 2021 Sun Ya Publications (HK) Ltd.
18/F, North Point Industrial Building, 499 King's Road, Hong Kong
Published in Hong Kong
Printed in China

我會乖乖睡

佩尼·塔索尼 著
Penny Tassoni

梅爾·霍亞 繪
Mel Four

新雅文化事業有限公司
www.sunya.com.hk

所有人和動物都需要睡覺。

晚上要睡，

白天有時也要睡。

你會在哪裏睡覺？

充足的睡眠讓你
身體健康，心情愉快。

這樣你就能享受每一天！

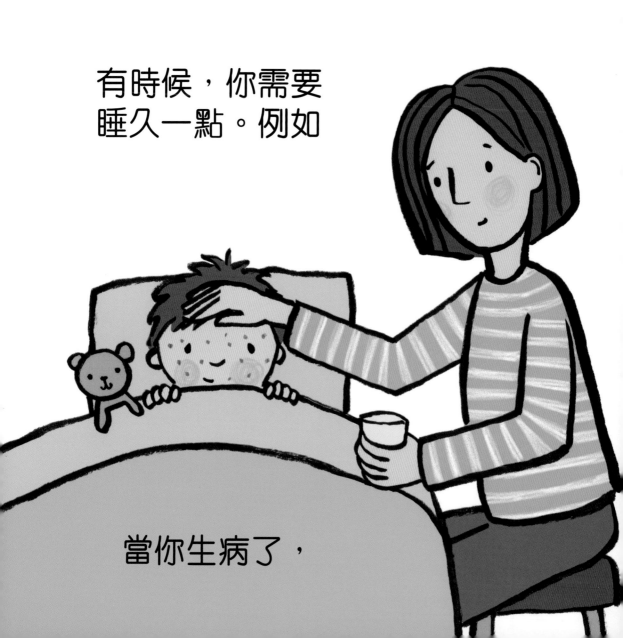

有時候，你需要
睡久一點。例如

當你生病了，

或是要面對繁忙的新生活。

當你需要睡覺
的時候，

你會開始
覺得累，

或是不小心做傻事！

睡覺前，你要先做好準備。
例如

洗澡，

換上舒適的衣服。

睡覺時，你會穿什麼？

你還要聽
睡前故事，

或是抱抱爸媽。

有時候，你會
睡不着。例如

當你又跳又玩，

或是又唱又叫。

現在是時候關燈，
安靜下來了。

請你試試閉上眼睛。

到你醒來時，

你便會恢復精神，又可以
開開心心去玩了。

如何建立寶寶良好的睡眠習慣

睡眠對寶寶成長和發育非常重要。這不但有助學習，還會影響情緒。因此當寶寶累了，「扭眼瞓」的時候，他特別容易發脾氣或大哭大鬧。不過，哄寶寶睡覺殊不簡單。他需要在絕對放鬆的環境下，才能自然入睡——毋須使用奶嘴，也不用大人抱。為了讓寶寶安心入眠，爸媽必須確保他不會過度疲勞，還要建立睡前的規律。

良好的睡眠能令寶寶健康成長，如寶寶有任何睡眠問題，您不妨諮詢醫生的意見，或是參考以下的一些方法：

- 請您多帶寶寶到戶外，讓他盡情奔跑或玩耍。寶寶活動身體後，會更容易入睡。

- 寶寶晚上睡覺或午睡前，需要有至少20分鐘熱身時間，讓他放鬆下來。

- 避免在臨睡前使用電子產品。

- 睡覺前可以開啟小夜燈，或是調暗燈光，使房間不要太亮。

- 不要在睡覺的地方放置玩具，或是其他會讓寶寶分心的東西。

- 設定睡前儀式，例如跟寶寶說：「我們會説兩個故事，然後抱抱和互道晚安，接着就要關燈睡覺。」

- 請您放輕聲線，用温柔的語調説話，以免減低寶寶的睡意。

- 請您輕輕擁抱或撫摸寶寶，肢體接觸有助他回復平靜。

- 請跟寶寶說一至兩個睡前故事，一起享受這段閱讀時光。

- 如果您需要改變寶寶的作息時間，試着每天調整五至十分鐘，循序漸進。

　　請您想一想，自己每天花多少時間在寶寶身上。有些小朋友會故意晚睡，引起爸媽注意。平時多抽時間跟寶寶玩耍和交談，才能幫助他養成良好的睡眠習慣。